CONTES
DE NOS ANIMAUX FAVORIS

Charles Debbasch
Sophie Debbasch

CONTES DE NOS ANIMAUX FAVORIS

collection San Benedetto
La Marge édition

ISBN : 2-86523-180-1

Dépot légal : 1er trimestre 2004
La Marge édition
La Maison Bleue
Hameau de San Benedetto
20167 Alata
Corse
France
colonnadistria.jj@wanadoo.fr

Introduction

Nous avons chaque fois juré que ce serait le dernier : le dernier animal à envahir notre intérieur. Trop de soucis, trop de tracas, trop d'obstacles aux mouvements.

Et pourtant, nous avons aujourd'hui trop d'animaux. Tellement trop que nous sommes parfois tentés de penser qu'ils ne sont pas assez nombreux et que nous devons résister pour ne pas être tentés d'accroître leur famille.

Comment en effet ne pas succomber à leur affection débordante, à leur intelligence subtile, au partage de leurs jeux échevelés ?

Comment oublier les moments délicieux passé en leur compagnie et la douleur devant leur disparition ?

Nous avons écrit à deux mains ces contes en hommage à l'amour que nous leur portons et nous les dédions à tous les amis des animaux.

1

L'ACHAT DU CHAT

Les animaux ne naissent pas dans les choux. Ils ont un papa et une maman comme toi et moi. On ne le sait pas toujours parce que les papas animaux ont beaucoup de travail. Ils doivent chasser, trouver de la nourriture et ils ont une toute petite cervelle. Un jour, ils oublient de revenir et la maman se retrouve toute seule. Elle pleure, un peu, les premiers soirs. Puis, elle se console en pensant qu'elle aura bientôt un petit bébé bien à elle. Ça c'est passé comme ça pour mon petit chaton. Ou pourtant ça a été sans doute pire. Puisque, quand je l'ai connu, il n'avait plus de maman. Dans les villes, les animaux ne sont plus chez eux.

Les hommes envahissent progressivement leur domaine et ils les enferment dans des grandes cages en béton. Mais, les animaux ne se plaignent pas parce qu'ils aiment les hommes et surtout leurs enfants. Alors, moi, mon chaton, je l'ai trouvé dans un supermarché d'animaux au milieu d'un grand parking avec plein de voitures autour. Papa et maman étaient avec moi. Ils m'avaient emmenée faire les courses. On avait acheté de la farine et de la viande, de la moutarde et du pain, du vin et des biscuits salés - ça c'était pour moi. J'avais essuyé deux larmes devant une poupée Barbie que j'aurais bien aimé serrer contre moi dans mon lit mais mes parents m'avaient tirée, très vite, hors de ce rayon pour m'acheter un manteau. J'avais le cœur un peu gros. Je fêtais, deux jours plus tard, l'anniversaire de mes sept ans et je craignais que mes parents m'oublient. En sortant, avec notre chariot chargé, nous avons rempli le coffre de l'auto et j'ai essayé d'entraîner mes parents vers l'"Animal Center" tout proche, - tu sais, cet endroit où on vend plein d'animaux. Mes parents hésitaient car chacune de mes visites dans ce magasin se terminait en gros chagrin, crise de larmes et gronderies. Car j'étais chaque fois séduite par un poisson rouge, un inséparable, une tortue, sans parler des chiens et chats dont les yeux me torturaient le cœur. Il faut dire que j'était déjà bien gâtée avec mon petit chien bichon “Gedel”, cette boule blanche qui me tenait tant compagnie mais ça ne m'empêchait pas de rêver posséder un autre animal. Maman ne voulait, bien entendu, pas en entendre parler et papa partageait son opinion. Alors ma mère me dit :

- Si tu veux visiter l'Animal Center, il faut que tu promettes de ne pas faire de scène. Quoi qu'il arrive, nous ne t'achèterons pas d'autre animal.

Je le savais bien, hélas, et je dus promettre de ne pas verser de larmes, de ne pas faire de scène et de laisser mon chagrin au fond de mon petit cœur. Le magasin ne payait pas de mine de l'extérieur. Un bloc de béton avec deux portes battantes qui ressemblait à tous ces cubes qui paraissaient posés à même le sol, comme dans nos jeux d'enfant. Mais, ce qui m'intéressait c'était l'intérieur et non la devanture.

Comme moi, tu dois aimer certaines odeurs. Elles nous bercent depuis notre jeune âge. Moi j'ai retenu celle du talc quand ma chère maman me langeait, celle de l'eau de Cologne quand elle me sort du bain, celle du bon chocolat chaud qui me monte à la tête comme une goutte de vin, celle de mon dessert favori, ces bonnes framboises odorantes qui ressemblent à un parfum. Mais, il y a des odeurs qui ne sont ni bonnes ni mauvaises, elles nous rappellent des joies ou des peines. Moi, dès que je pénètre dans l'Animal Center, cette odeur forte qui mélange les effluves des pipi-caca, des pâtées pour chiens ou chats, des poissons et des algues séchés, le tout mélangé à un désodorisant "senteur des Alpes" me remplit de joie, car je sais que je suis au milieu de mes animaux favoris.

Je suis tout de suite devant la cage des chiots. J'essaie de me répéter ma promesse dans ma petite tête “je ne ferai pas de scène, je ne demanderai pas d'animal, je me contenterai de les regarder” mais j'ai du mal à lutter. C'est comme si un grand lutin s'emparait progressivement de ma tête et me disait :

- Regarde ce petit bichon blanc comme une boule de neige, il t'observe avec ses petits yeux tristes, il veut que tu l'adoptes. Il serait si bien avec ton propre chien qui a tant besoin d'une petite compagne. Il vient te mordiller pour te témoigner son affection.

Je me sens déjà fondre mais le petit diable revient à la charge dans ma tête.

- Et ce caniche, on dirait un jouet en peluche, il saute comme un élastique. Il est noir comme le charbon et on dirait que ses yeux sont deux feux follets. Comme ils brillent. Et ce husky, il a les mêmes yeux bleus que ton ours Telly. On dirait qu'on lui a mis des lentilles de couleur. Au fond, tu aurais bien le temps de t'occuper.

Je résiste à tous ces petits diables qui commencent à envahir ma tête et je vais vers la cage des chatons. Mes parents sont déjà au fond du magasin devant un beau perroquet multicolore et ils m'appellent.

- Allez Sophie, presse-toi, n'oublie pas tes promesses. Nous sommes pressés.

Oui, je sais, je les aime bien. Ils ont raison. J'ai promis, je dois respecter ma promesse mais ils sont toujours trop pressés. Moi, j'aime bien rêver devant toutes ces bêtes. Mes chers petits amis, j'imagine qu'ils sont déjà dans mes bras.

Oh ! mais qu'est-ce que je vois là, mon cœur bat tout d'un coup plus fort, je suis devant un tout petit petit chaton, des oreilles pointues, des yeux plus verts que vert qui émergent de touffes de poils roux, un petit persan qui déjà s'approche de moi et me tend sa petite patte à travers la grille. Le petit démon tentateur est de retour et il frappe à toutes les cellules de mon cerveau.

- Regarde comme il est mignon. Il dresse son petit museau vers toi et sort sa toute petite langue rose pour te lécher. Comme il a l'air intelligent. Il pourrait être à toi si tu insistais.

Je chasse vite cette pensée de mon esprit. Va-t'en, vilain démon, j'ai promis, je souffre d'avoir promis et je respecterai ma promesse.

Mes parents me rappellent à l'ordre plus timidement puis reviennent vers moi. Ils échangent quelques mots à l'oreille. Maman va vers la caisse, sans doute pour payer la nourriture destinée à mon petit chien Gedel puis revient avec le marchand qui dit à mon père :

- C'est une petite persane de deux mois. Elle a un très beau pedigree. Ses parents vivent à la campagne. Elle est la première d'une portée de quatre chatons.

Je ne comprends rien à tout ça, pourquoi me faire souffrir encore plus, moi qui ai déjà tant de mal à résister.

Le marchand ouvre la cage, sort la petite boule et la met dans mes bras. Mon cœur bat à tout rompre tandis que l'animal ronronne tendrement et se blottit contre ma poitrine. C'est à ce moment que papa dit :

- Voilà, Sophie, cette petite chatte est à toi. Nous avons décidé avec maman que ce serait ton cadeau d'anniversaire.

Je me sens fondre. Une bouffée de chaleur m'envahit des pieds à la tête. Je ne sais plus où je suis. Je me demande si c'est un rêve ou la réalité. Le reste, je n'en ai plus exactement le souvenir. L'achat de la petite niche, du collier, des vitamines, de la nourriture, des paroles de mes parents, du retour à la maison, je n'ai d'yeux que pour mon petit chaton qui n'en finit plus de me lécher en ronronnant. Je suis si heureuse que j'ai perdu la conscience du temps, de l'espace et l'usage de la parole.

Je crois que je n'ai jamais passé une nuit aussi étrange. Je rêvais que mes parents venaient de m'acheter un chaton, je m'éveillais en sueur et je pleurais en pensant que ce n'était qu'un rêve avant de réaliser que, non, c'était bien vrai. Quand le rêve devient vrai, on ne sait plus si ce qui est vrai n'est qu'un rêve.

2

GEDEL ET CALINE

Pour mieux te parler de mon chaton, il faut que je te dise quelques mots de Gedel mon autre compagnon. C'est un être délicieusement agréable. Il est mignon tout plein avec ses poils blancs tout frisés comme la crémière quand elle met ses bigoudis. Si tu savais les fêtes qu'il me fait quand il vient me chercher avec maman à l'école. Il saute comme un cabri ou une balle élastique. Il m'aime tant qu'il est possessif et jaloux. Il doit avoir la priorité de mon affection. Gare, si j'embrasse mes parents avant de lui dispenser mes câlins. Il s'interpose avec un petit grognement. J'admire son intelligence. Dès que j'ai un peu de temps libre, j'essaie de le dresser et il se prête à ces séances comme un écolier qui préférerait être à la fête foraine ou au parc zoologique mais qui sait bien qu'il y a des heures de classe obligatoires. C'est déjà un élève très brillant. Il se tient debout ou assis. Il sait faire le mort ou sauter au-dessus d'une ficelle. Mais il est aussi coquin qu'intelligent. Il ne résiste pas au plaisir de se payer un petit supplément de repas. Dès que j'ai le dos tourné, tous les prétextes lui sont bons pour lécher les restes dans une assiette, voler un paquet de cacahuètes ou de chocolat. Le résultat de ces virées ne se fait pas attendre. Il est aussitôt malade... comme un chien et il vient, tout penaud, se faire soigner. Je suis bien obligée de le gronder de temps en temps et de le mettre au piquet. Il n'en bouge pas mais ses petits yeux demandent pardon et je finis bien par le consoler. Le moment le plus délicieux que nous passons ensemble est rare. Quand maman est absente, papa me donne l'autorisation de le garder avec moi toute la nuit. Il se blottit dans un coin du lit et n'en bouge plus de peur qu'on vienne le déloger de ce confort douillet. Pour tout te résumer, je suis, en quelque sorte, la maman de Gedel et il est mon fils adoré.

Te dire qu'il a bien accueilli l'arrivée du chaton serait donc un gros mensonge. Nous venions de porter la petite bête dans la cuisine. Elle sortait sa tête du petit panier rose à fleurs bleues avec tant de tendresse que déjà nous lui avions donné son nom, Câline. Dès qu'il a senti sa présence, Gedel a commencé à aboyer, on dirait que tous les voleurs de la création se sont introduits chez nous. J'essaie de le calmer mais il se précipite en furie vers le panier comme s'il avait senti qu'un grave danger le menaçait. Dès que la petite Câline sort, il commence à la poursuivre, la bloque dans un coin de la cuisine et la renifle sous toutes les coutures. Elle, apeurée, miaule faiblement, tend de toutes petites griffes et subit cette inspection sans plaisir.

Mais, le premier émoi passé, Gedel tourne sa tête vers moi interrogatif.

- Alors, c'est ça que je vais devoir supporter ? Pourquoi ne m'as-tu pas demandé la permission avant de me faire cette grosse infidélité. M'aimeras-tu encore ? Auras-tu encore le temps de t'occuper de moi ? paraît demander mon cher Gedel.

Je le regarde tendrement, le caresse et lui dit :

- Tu sais, mon cher Gégé, je te présente ta petite soeur. Je sais que l'arrivée d'une petite soeur n'enchante pas le fils unique que tu étais jusqu'ici mais tu verras, au bout de quelques jours tu l'apprécieras. Et puis, comment imaginer que je t'aimerai moins ? En réalité, tu as maintenant une petite compagne et tu vas pouvoir jouer avec elle.

Gégé paraît me comprendre et il commence à lécher Câline. Celle-ci n'est guère rassurée, ses poils sont tout hérissés, elle se tient en une position d'attaque un peu dérisoire pour une aussi petite chose. Mais quelques gouttes de lait vont la rasséréner.

Un problème apparaît immédiatement, Gégé est là, prêt à prendre sa part du repas de Câline. Sitôt que ses maîtres ont le dos tourné, il va disputer à Câline sa petite pitance. Mais, bien vite, Câline va prendre du poids et des griffes et apprendre à se faire respecter.

Le partage du territoire s'opère également presque sans difficultés. Câline aime être perchée. Elle recherche les tables ou se tient les deux pattes dressées sur une chaise. Gedel préfère sa petite niche. Mais il n'accepte pas que Câline ait un endroit tout à elle pour faire ses besoins, cette sorte de petite niche au sol en gravillon le fait rêver. Quand nous allons la nuit dans la cuisine, nous le surprenons souvent dans les toilettes de la chatte ! Ce qui nous oblige à le laver énergiquement le lendemain.

Mais, pour le reste, Gedel et Câline sont des compagnons de jeu. Quand ils sont à la campagne, le chien joue à la course poursuite derrière la chatte. Celle-ci gagne toujours en se réfugiant dans un immense tilleul. Gedel peut bien aboyer au pied de l'arbre, elle n'en redescendra que quand elle l'aura décidé. A la maison, en revanche, Câline est vite bloquée dans un coin. Elle en est finalement ravie. Elle se met sur le dos et joue pendant de longues minutes avec le chien. Parfois les miaulements et les plaintes de Gedel se combinent, les griffes de la chatte se sont emmêlées dans les boucles de “Gégé” provoquant un crêpage de chignon bien involontaire.

3

LES GRANDES VACANCES DE CALINE

Câline est devenue, maintenant, une grande chatte majestueuse. Elle ressemble, de loin, à un petit lion avec sa belle crinière rousse. Son pelage est superbe. Les voisins ne l'appellent plus que la belle persane. Moi, je sais ce qu'il en coûte à maman de longs brossages et peignages et de poils à enlever un peu partout. Mais nous aimons tous très fort notre Câline. Elle nous le rend bien. Elle cherche notre compagnie. Si maman est dans son bureau, elle s'installe sur la table. Si je suis au salon, elle se perche sur une étagère. Pour manifester sa présence, elle pousse des “mamaou, mamaou”, si bien que nous lui avons trouvé son surnom. Elle est devenue pour nous tous "Mamaou". Nous avons décidé que Mamaou ne nous quitterait plus. Voilà pourquoi elle est venue en vacances en Corse avec nous. Elle s'est précipitée, elle-même, dans le petit panier en plastique, mais n'a guère apprécié quand nous l'y avons enfermée. Là, personne ne pouvait la voir. Imaginez alors l'étonnement des passagers pendant que nous embarquions dans l'avion. Ils entendaient miauler et ne voyaient pas de chat. Je remuais légè-rement les lèvres et ils pensaient que je voulais jouer en faisant le chat.

Dans l'avion, j'ai entrouvert le panier pour caresser sa nuque. J'ai senti Câline se raidir au décollage à l'atterrissage et mais elle était rassurée par mes caresses. Sitôt arrivés sur notre lieu de vacances, une petite maison au bord d'une grande plage, nous avons hésité sur la conduite à tenir. Fallait-il laisser notre petite chatte libre au risque de la voir se perdre dans ce nouvel horizon ou bien convenait-il de la garder prisonnière de la maison ? Nous avons opté pour la semi-liberté : une fenêtre entrouverte. Mais Câline a vite pris la clé des champs. Elle a trouvé dans les herbes folles du jardin un terrain de chasse. Elle passe des heures à guetter les sauterelles puis à bondir sur elles. Commence alors un long supplice, elle joue avec l'insecte apeuré et finit par le dépecer. Câline repue s'installe alors sur le rebord d'une fenêtre comme un garde vigilant sur le seuil de notre maison. Je pense donc que ma chère chatte s'est installée dans la tranquillité des vacances. Jusqu'au jour où !

C'est la fin de l'après-midi. Papa et maman sont encore à la plage et je suis rentrée pour regarder mon feuilleton favori à la télé. J'ai laissé la porte ouverte pour que Câline puisse aller et venir. J'entends tout d'un coup un miaulement plaintif et je vois entrer, aussitôt, un chat noir tout mouillé. Je m'apprête à le chasser quand je reconnais ces yeux inoubliables : ce sont ceux de ma petite "Mamaou". Elle a dû tomber dans le réceptacle de graisse ou d'huiles usagées du garage voisin. Elle tremble tout entière et elle m'appelle au secours. Le temps que j'ai passé pour lui rendre un aspect à peu près normal est difficile à imaginer. Je l'ai d'abord emmitouflée dans une serviette de bain pour la sécher. Ses poils se collaient au tissu et bien que soumise et reconnaissante, elle sortait ses griffes de temps à autre. Commence alors un travail patient de brossage puis de peignage. Mais ses poils sont si poisseux et mon travail la fait tant souffrir que je dois bientôt arrêter. Câline n'a pas, tout à fait, retrouvé son allure normale. Des plaques noirâtres parsèment son poil roux. Il faudra plusieurs jours de bains de soleil et de longs étirements dans le sable pour que ma chère Mamaou quitte son manteau sale de chat de gouttière et retrouve son port seigneurial.

Cette première aventure de vacances de ma chatte a été suivie quelques jours plus tard d'un épisode plus grave dont je suis un peu responsable. C'est l'heure de la sieste. Il fait, dehors, une chaleur accablante et je me suis réfugiée dans ma chambre avec Câline. Je rêve à la merveilleuse partie de pêche que je viens de partager ce matin avec mes parents : on aurait dit une pêche miraculeuse et j'étais toute émue de sentir tous ces frétillements au bout de ma canne. J'ai décidé d'écrire ce que j'ai vécu. J'aime bien faire comme papa qui écrit des livres toute la journée. J'ai bien du papier et un crayon, mais il me manque une tablette. Qu'à cela ne tienne, ma table de chevet est recouverte d'une plaque de marbre blanc amovible. Je la soulève avec difficulté tant elle est lourde. Je la pose sur le lit et je commence mon travail d'écriture.

- J'aime bien la pêche, le départ du petit port avec notre minuscule bateau pneumatique. L'odeur des algues est si forte le matin. Ce qui m'effraie le plus, dans la pêche, ce sont les vers. Je n'ai pas réussi à surmonter mon dégoût surtout quand, avec leur petite bouche, ils tentent de me mordre...

Une heure après, je juge que le moment est venu de me préparer pour rejoindre maman à la plage, j'arrête la rédaction entamée. Je soulève la lourde tablette de marbre et je m'apprête à la poser sur la table de nuit quand, pour une raison inexpliquée, Mamaou se prend dans mes jambes. Je fais un faux mouvement et laisse tomber la plaque sur mon pied. Je hurle de douleur. Je suis en sang. J'appelle au secours. Papa arrive et je crie toujours plus fort. Le sang n'arrête pas de couler. Je hurle "pas d'alcool ! pas d'alcool !". Papa me conduit à la salle de bains et me lave le pied, tente de mettre un pansement mais l'hémorragie se poursuit. Je sanglote. Mamaou, elle, est toujours terrée dans un coin, comme si elle regrettait son geste inconsidéré.

Plusieurs semaines plus tard, l'angle du pouce noircira, puis tombera. Le mauvais souvenir est déjà passé, effacé. Cet ongle ne me rappelle pas l'accident mais les belles vacances que j'ai passées au bord de la mer. Ma chatte et moi sommes prêtes pour de nouvelles aventures.

4

UNE NOUVELLE AVENTURE DE CALINE

J'adore ma belle persane Câline dite Mamaou. Je suis inséparable de mon petit bichon Gedel si mignon avec sa belle truffe noire et ses bouclettes. Vous me direz que je suis comblée et que je n'ai pas besoin d'autres animaux. Ça ne m'empêche pas de rêver en m'endormant à un monde magique où je pourrai caresser un zèbre, nourrir un hamster tout en ayant sur mes genoux un lionceau. Ce dimanche, papa m'a conduite avec mon oncle au Marché aux oiseaux à Paris. J'ai été immédiatement émerveillée par la variété des couleurs et des chants de tous les oiseaux rassemblés. Il y avait autant de vacarme que dans la cour de récréation de mon école à l'heure du goûter. Je m'immobilisais devant chaque cage et je nouais un dialogue avec ses occupants qui me répondaient en pointant leur bec vers moi. Mon père et mon oncle paraissaient encore plus intéressés de constater mon émerveillement que d'observer les animaux. Ma préférence va à un couple de perruches, des inséparables au magnifique plumage vert bariolé de notes de rouge ou de jaune. Elles jacassent comme leurs frères perroquets et se tiennent tendrement serrées comme si elles craignaient d'être séparées. Le marchand s'est approché et il vante ses animaux. "Ce sont des perruches de haute lignée, héritières d'un champion de France, très robustes, elles adorent les enfants, méfiez-vous quand même des coups de bec". Mon oncle me demande : "Elles te plaisent ?" Deux minutes après nous voilà chargés d'une cage, de deux perruches, et d'un sac d'accessoires et de nourriture.

Je ne te dis pas l'accueil que nous a fait maman en arrivant à la maison. Moi, je me suis réfugiée derrière mon père et, lui, pour se disculper a dit qu'il s'agissait d'un cadeau du tonton. Que voulez-vous que fît ma mère, elle ne pouvait pas gronder mon oncle ! Nous avons donc installé les oiseaux dans leur nouvelle demeure, une belle cage dorée avec une magnifique balançoire digne des plus grands manèges. Dès qu'elle avait entendu le jacassement des deux volatiles, Câline avait surgi et elle observait curieuse et, coquinement intéressée, les oiseaux comme pour dire :

- Vous ne perdez rien pour attendre. A la première occasion, dès que vous aurez tourné le dos je ne ferai qu'une bouchée de ces nouveaux immigrés qui viennent s'installer chez moi sans être invités.

Je fis vite changer d'avis Câline. Je la conduisis devant la cage et je la caressai d'une main tout en tendant l'autre main pour nourrir les oiseaux. Mamaou s'habituait progressivement à la présence des nouveaux invités. Il lui arrivait bien de lancer un regard gourmand vers la cage, mais elle avait compris qu'elle pouvait regarder mais pas toucher.

Un après-midi pourtant j'étais seule à la maison et j'amorçai une grosse bêtise. J'avais décidé de nettoyer toute seule la cage dans la cuisine. C'est un moment que les oiseaux attendent avec impatience. Ils guettent la nourriture et aussi l'ouverture de la cage. J'effectuai avec précaution le travail de nettoyage d'une main, obstruant de l'autre l'espace de la porte entrouverte. Mais la perruche femelle la plus vive réussit à s'échapper. Je poussai un hurlement. L'oiseau voletait, affolé par sa propre audace, dans toute la cuisine. Le pire était que Câline était devenue incontrôlable. Elle bondissait à chaque mouvement de l'oiseau qui, fatigué, commençait à perdre du terrain sur son poursuivant. Je ne savais plus que faire et, lancée dans une chasse aux deux animaux, je n'en inquiétais vraiment aucun.

Par chance, papa qui venait de rentrer avait été attiré par le bruit dans la cuisine. Il mit d'abord Câline hors d'état de nuire et la transporta dans la salle de bains. Le plus grand danger était évité. Il se lança alors dans la chasse à la perruche. Il réussit à la saisir contre une fenêtre mais il poussa aussitôt un cri, le perroquet avait planté son bec vigoureux dans la paume de la main droite de papa et n'entendait pas lâcher prise. Heureusement mon père resta courageux et garda l'animal qu'il introduisit dans la cage. J'en avais été quitte pour une grande peur. Papa ne me gronda pas. Il me dit simplement :

- Sophie, sois plus prudente car ces oiseaux sont agiles et vigoureux. Ils auraient pu te couper un doigt.

Autant vous dire que je laisse maintenant à maman la corvée du nettoyage de la cage. Je pense souvent combien elle est gentille. C'est elle qui s'occupe des animaux et moi qui en profite. Il faut que je l'aime encore davantage.

5

LES AVENTURES DE MAMAOU : VISITE DE LA JUNGLE

Je rêve souvent la nuit d'un monde où tous les animaux seraient mes amis et vivraient avec moi. J'imagine une biche avec son beau manteau de fourrure venant me bousculer sur une chaise longue pour se saisir d'un morceau de pain. Son museau est chaud, humide et si tendre. Dans l'herbe, un lion et une lionne enlacés regardent les lionceaux qui folâtrent et jouent à se faire mal. Justement, ma persane Câline dite Mamaou se prend depuis quelques jours pour un bébé lion. Elle a décidé d'aller téter la lionne : celle-ci a bien tenté de protester quand elle a senti les petites dents pointues mais elle s'est laissée faire : après tout, on est entre félins. Est-ce une impression ? Ou bien le lait de lionne est-il en train de transformer ma chatte ? Je ne sais. Mais on est en train de me changer mon animal. Son miaulement est moins aigu et plus rauque. Son pelage est plus fauve. Sa crinière s'est épaissie. Ses pattes ont enflé. Quand elle est montée sur mon lit hier matin, il m'a bien semblé le sentir s'enfoncer comme si un mammouth s'y était installé. Ce matin, Câline m'a prise sur son dos et m'a conduite dans la jungle. Si tu voyais comme la végétation est touffue, nous étions parfois prisonniers des lianes et il fallait toute la force des crocs acérés de Câline pour nous frayer un passage. De temps à autre, elle me demandait de me cramponner et elle sautait sur un gros baobab puis bondissait sur un arbre voisin. Quand nous étions dans le vide, j'avais l'impression d'être sur un avion à réaction. En chemin, nous avons rencontré un bel aigle nommé Aquil qui s'est proposé de nous faire visiter le pays. Il nous guidait à grands coups d'aile revenant sur son chemin quand nous n'arrivions pas à le suivre. Il nous a d'abord menées dans une grande clairière où plusieurs animaux partageaient un grand festin. L'ours Couffin qui avait le visage rond d'un gourmand avait préparé des bananes flambées parfumées au miel de sycomore qu'il était allé voler le jour même aux abeilles. Le loup Goupil avait ramené un magnifique mouton. Le castor Agile avait, lui, découpé dans un tronc une broche. Le feu avait été allumé par un bel écureuil qui avait frotté deux pierres entre ses deux petites mains si habiles. Dans un coin, le vieux lion Polar, les yeux injectés de sang goûtait la liqueur préparée par les termites à partir du myrte qu'ils découpaient à longueur de journée. Les animaux ne paraissaient pas surpris de ma présence. Je m'étais fait un ami du petit chimpanzé Panzi qui, de temps en temps, jouait à me chatouiller au point que j'appelais au secours Câline quand il abusait. Après le repas chacun se mit à raconter une histoire. Le vieux lion Polar était le plus écouté "je vais vous parler, nous dit-il, du jour où les braconniers sont venus. Ils avaient creusé un grand trou et y avaient disposé, accroché entre deux arbres, un immense filet. Ce jour là..."

Sophie, qu'est-ce que je viens de dire, me demande la maîtresse. Je la regarde ahurie. Que vient-elle faire là ? Et moi, suis-je encore vraiment dans la jungle ?

C'est à ce moment-là que je m'aperçois que je ne suis pas dans la forêt mais dans la salle de classe. Je me suis laissée distraire et j'en serai quitte pour une heure de punition mercredi prochain.

Je compte bien retourner très bientôt visiter la jungle avec ma chère Mamaou.

6

MAMAOU AU SKI

Je n'étais jamais allée aux sports d'hiver. Tu sais je préfère, en général, aller à la mer car j'adore nager. Mais, pour ces vacances de février, papa et maman avaient décidé de me faire découvrir la neige. J'avais naturellement emmené avec moi ma belle chatte Câline dite Mamaou dans son beau petit panier. Elle avait beaucoup miaulé en voiture surtout dans les virages qui nous conduisaient tout au bout de la station où nous avions loué un petit studio au rez-de-chaussée tout au bord de la piste. J'avais trouvé le cadre merveilleux. On aurait dit un gâteau noyé dans la chantilly avec les montagnes qui ressemblaient aux cônes d'une religieuse. Mamaou m'accompagnait tous les matins au cours de ski. Au début j'étais plus souvent par terre que debout sur mes skis tellement je tremblais sur mes jambes. Mais, au bout de trois jours, je me laissais glisser comme une petite folle, étonnée de mon audace, effrayée et ravie comme on peut l'être dans les montagnes russes d'une foire. En passant devant notre studio je faisais un signe de la main à ma chatte Mamaou qui se dorait au soleil sur le balcon admirant les skieurs qui dévalaient la pente. Je pensais que c'était vraiment dommage de ne pas pouvoir l'emmener avec moi. Elle aurait sûrement beaucoup aimé glisser avec moi.

Puis un jour, je suis tombée juste devant la maison, la maîtresse a arrêté le cours pendant que je rechaussais mes skis. Et c'est juste au moment où nous allions repartir que Mamaou a bondi et nous a rejoints. Le cours repartait et je ne savais que faire. Je ne pouvais prendre ma chatte aux bras : il fallait bien que je tienne mes bâtons. Je ne pouvais pas davantage l'abandonner. Elle risquait d'être écrasée par un skieur. En un instant, j'avisai une jeune fille qui passait en luge. je plaçai Mamaou dessus en disant suivez-moi. Et nous partîmes de concert. J'observai Câline un peu surprise au début mais que j'encourageai de la voix.

- Câline n'aie pas peur, je suis là, regarde comme c'est bien, on dirait un grand toboggan.

Elle miaulait comme pour approuver ce que je disais. Nous arrivâmes ensemble au bas de la piste. Je déchaussai mes skis, remerciai la jeune fille. Je pris ma chatte dans les bras. Elle avait changé de couleur. Elle ressemblait à une petite loutre avec la neige poudreuse sur ses longs poils. Elle paraissait ravie de la promenade et me léchait tendrement.

C'est maman qui fut surprise quand elle vint me chercher. Elle mit quelques minutes pour comprendre comment ma chère Câline avait pu me rejoindre. En rentrant à la maison je passai un long moment à frictionner et à sécher Mamaou.

Elle paraissait ravie. Pour la première fois, elle nous avait montré que les sports d'hiver sont aussi faits pour les matous !

7

L'ESCAPADE

J'aime bien aller en promenade avec ma persane Câline. Je la mets dans son petit panier en tissu. Je le ferme presque complètement et laisse uniquement dépasser la tête et nous partons en voiture avec papa et maman. Câline dite Mamaou connaît bien la musique. Dès que nous sommes en auto, elle miaule gentiment pour que je lui ouvre le panier. Je cède toujours : elle est tellement gentille. Elle ronronne alors de plaisir et va saluer chacun. Elle monte sur les épaules de papa qui conduit et le lèche dans le cou. Elle va sur les genoux de maman, va renifler mon chien bichon, Gedel, qui dort sur ses pieds. Enfin, elle bondit et s'installe à sa place favorite, la lunette arrière, d'où elle peut dominer la situation. Nous nous promenions ainsi l'autre jour dans la montagne. Le site était splendide. Nous avions remarqué, à un moment, un magnifique point de vue. Nous surplombions la mer qui était ce jour là d'un splendide bleu turquoise. Il faisait une température idéale, ni trop chaud, ni trop frais. Il n'y avait pas un souffle de vent. Nous sommes sortis de la voiture pour admirer le paysage. On voyait les rochers bruns se détacher sur la mer. Au large, la cheminée d'un grand bateau blanc décorait le ciel de ses volutes de fumée. C'était un jour exquis où je pouvais profiter de la présence de mes parents que je vois si peu dans les périodes scolaires.

A un moment, maman a crié “attention la chatte !” : il était déjà trop tard. Câline avait bondi par la fenêtre arrière que j'avais eu le tort de laisser ouverte. Avec vivacité, elle s'était échappée dans le champ voisin protégé par des fils de fer barbelés. J'eus beau l'appeler, elle ne répondit pas et bientôt nous la perdîmes de vue. Nous ne savions plus comment faire dans cet endroit qui nous était étranger sans aucune présence humaine pour nous aider. Il n'était pas question de quitter les lieux. Mais nous n'avions pas non plus de solution pour faire revenir Câline vers nous. La seule solution était donc d'aller vers elle. Mais les barbelés nous paraissaient un obstacle infranchissable.

C'était oublier que maman a acquis à la danse une souplesse de chat. Papa la prit sur ses épaules et elle sauta par-dessus les barbelés. Au bout d'un instant, elle disparut dans un petit vallon. Nous l'entendions simplement appeler "Mamaou, Mamaou, voilà les croquettes, viens manger". Elle connaissait bien le point faible de ma chère Câline qui, entre chasser une hypothétique sauterelle et retrouver la sécurité des croquettes familiales, allait vite faire son choix. Au bout d'un moment, maman triomphante réapparut tenant dans ses bras la fugueuse penaude. Elle me passa Câline par-dessus la clôture puis sauta avec difficulté dans les bras de papa. Dans ces cas, il est toujours plus difficile de revenir que de partir.

Un moment plus tard, rassurés, nous roulions en voiture. Câline qui avait subi une sévère réprimande restait sans protester dans son panier. Depuis, quand nous sortons, Câline a un joli petit collier rouge et une laisse. Elle trottine un peu honteuse près de mon bichon Gedel. Il lui arrive, parfois, de rêver à son escapade. Personne ne le sait. C'est un beau matou qu'elle avait voulu suivre mais, pour elle, l'heure du grand amour n'était pas encore arrivée.

8

CROQUETTES AU POIVRE

Je vous ai déjà parlé de ma chatte Câline dite Mamaou. C'est maintenant une belle persane de deux ans. Son pelage roux est vif comme si elle sortait d'un shampooing tonifiant. Ses yeux lancent des éclairs verts. Ils peuvent être séducteurs quand elle s'approche de moi pour me demander une caresse, joueurs quand elle lance ses pattes vers mon petit chien Gedel, mon beau bichon, quémandeurs quand elle se presse contre maman pour lui demander son dîner, cruels quand elle décide de s'emparer d'un lézard et de le dépecer. Elle peut passer des heures à paresser sur la table de la cuisine. Elle donne, alors, l'impression d'être un objet inanimé, une grosse peluche. Et puis, d'un coup de reins, elle bondit dans le jardin, lancée dans une course sauvage derrière une sauterelle. Elle se transforme en lion. Ses poils se dressent, ses muscles se tendent et la voilà muée en reine des animaux. Je l'aime bien ma chère Câline. Quand elle vient sur mon lit, le soir, avant que je m'endorme, nous nous racontons des histoires.

L'autre soir, papa et maman étaient allés se coucher. J'avais décidé de lire un livre sur la vie des animaux, Câline est venue me rendre visite. Elle a sauté sur mon lit en ronronnant et a commencé à me faire des mamours en me léchant le cou. Elle s'est ensuite installée sur mes genoux, a tendu ses oreilles vers moi comme pour me dire de ne pas oublier de la caresser. Nous avons alors entamé un dialogue car j'ai oublié de vous dire - mais ne le répétez surtout pas - que, quand Mamaou et moi sommes seules, elle me parle et quand nous commençons à bavarder nous n'arrivons plus à nous arrêter.

Ce jour là, Mamaou m'a demandé avec sa petite voix :

- Si je te tiens compagnie un moment, tu accepteras de me donner encore un peu de nourriture tout à l'heure car, dès que ta maman a quitté la cuisine, ton chien est venu et, en deux temps et trois mouvements, il a mangé tout mon repas.

- Pauvre Câline lui ai-je répondu. Tu es trop gentille. Tu n'oses pas utiliser tes griffes et Gedel en profite. Pourtant, tu es presque aussi grosse que lui et tu es beaucoup plus agile. Alors, défends-toi.

- Mais Sophie m'a répliqué Câline, tu sais bien que j'adore Gedel. Il m'a accueillie si gentiment quand je suis arrivée à votre maison. Tu sais bien que la nuit nous dormons l'un contre l'autre dans le même panier. Je ne peux pas lui faire du mal il est mon ami.

Je lui dis alors : "Tu sais ce que nous allons faire, nous allons donner une bonne leçon à Gedel pour qu'il n'ait plus envie de recommencer. Nous allons lui tendre un piège. Je vais préparer un bol avec des croquettes. Tu feras bien attention de ne pas manger. Je sortirai de la cuisine et tu laisseras Gedel te voler ton repas.

Câline m'a répondu : "Mais tu me promets, après, de me donner vraiment à manger".

- Bien sûr, chère Mamaou.

Je me suis alors livrée à un vilain petit stratagème. Les croquettes d'une main, des grains de poivre de l'autre. Mamaou me regardait étonnée. Mon manège me demanda un certain temps. J'introduisis dans chaque croquette un grain de poivre. Câline me regardait faire mais elle comprit vite de quoi il s'agissait quand je lui fis renifler l'épice. Elle éternua violemment et se tint aussitôt à distance.

Nous nous rendîmes dans la cuisine et je rappelai bien à Câline de ne pas toucher aux croquettes.

- Ne t'inquiète pas me dit-elle, je n'ai aucune envie de manger de la poudre à éternuer.

Je commençai le cérémonial et versai les croquettes dans le petit bol de la chatte.

Gedel adopta son attitude habilement hypocrite et fit mine de ne pas s'intéresser à l'opération en cours. Je posai le bol par terre près de Câline et je m'en retournai dans ma chambre.

Je n'y étais pas plutôt arrivée que j'entendis les cris de Gedel. Je me précipitai vers la cuisine. Il y courait comme un fou d'un côté à l'autre en hurlant. Je le consolai en le prenant dans les bras et lui dit :

- Tu vois, Gedel, les voleurs sont punis un jour ou l'autre. Voilà des mois que tu pioches dans la nourriture de ta copine Câline. Mais, aujourd'hui, tu t'es fait prendre. Je suis sûre que tu sauras retenir la leçon.

Et pour consoler les deux animaux - car Câline aussi était triste de voir souffrir son petit Gedel - je leur servis à chacun une bonne ration de croquettes.

Ai-je besoin de vous dire que, depuis, Gedel n'a plus jamais touché à la nourriture de Câline et qu'ils vivent tous les deux une cohabitation heureuse.

9

LE MAGICIEN

L'autre jour c'était mon anniversaire. Maman avait préparé un magnifique goûter. J'avais invité toutes mes camarades de classe à faire la fête avec moi. Nous attendions même un magicien dont on nous avait dit qu'il était stupéfiant. Nous étions toutes très émues et nous nous demandions s'il pourrait, en partant, nous offrir un peu de poudre magique. Nous nous imaginions déjà multipliant les pains au chocolat, faisant sortir de nos poches des pierres précieuses multicolores ou disparaître l'une ou l'autre d'entre nous.

Le magicien était arrivé. C'était un homme sans âge, un peu étrange, très maigre, jaune, avec des yeux noirs enfoncés dans les orbites, quelques rares cheveux plaqués en arrière et une grande robe mauve. Il avait commencé à jongler avec des cartes. Nous en perdions la tête. Les cartes ruisselaient en fontaine de ses oreilles, de sa bouche, de son menton. Ma chatte Câline dite Mamaou était sur mes genoux fascinée par le mouvement des cartes et prête à bondir. Le magicien semblait plus intéressé par elle que par nous. Il la fixait avec son regard inquiétant et paraissait réfléchir.

Il sortit de son sac une grande boîte rouge tout en continuant à regarder Câline. Il ouvrit la boîte, se saisit de ma chatte malgré mes supplications et la mit dans la boîte. On entendit d'abord la chatte émettre un miaulement plaintif puis plus rien. Le magicien avait frappé sur la boîte avec sa baguette magique en prononçant la formule rituelle “Abracadabra, Abracadabra, Abracadabra”. Il ouvrit la boîte. Quelle émotion ! Câline avait disparu. Je me demandais où il avait pu cacher un aussi gros animal au caractère impétueux qui n'aurait pas supporté d'être dissimulé dans une poche ou une manche. J'étais un peu inquiète. Je ne voulais pas qu'il arrivât quoi que ce soit à ma petite amie.

Le magicien referma la boîte, prononça à nouveau ses "Abracadabras" mais, alors que je m'attendais à retrouver Câline, ce fut la déception et la surprise quand il ouvrit son carton ensorcelé : il en sortit deux colombes qui vinrent se planter sur ses épaules. Je ne savais plus que penser. Mes amies et moi nous commençâmes à crier en cœur "Câline, Câline, Câline". Le magicien nous dit :

- Je n'arrive pas à la faire revenir, j'ai épuisé mon fluide. Viens m'aider Sophie, on va voir si toi tu réussis.

Je n'en pouvais plus d'anxiété. Le magicien me plaça devant la boîte fermée, il me tendit sa baguette et me demanda de prononcer les mots magiques. Un peu intimidée, je lançai - "Abracadabra – Abracadabra". Non, tu te trompes me dit-il, prononce-le mieux que ça et d'une voix plus forte. Je m'exécutai et tout d'un coup Câline bondit de la boîte comme une furie et s'échappa dans une autre pièce.

Tout le monde applaudit très fort. J'étais très émue d'avoir réussi à faire revenir mon cher animal mais très étonnée aussi. Je n'arrivais pas à comprendre comment tout cela avait bien pu se passer. Je me promis, le soir, de demander à Câline où le magicien l'avait cachée pendant le tour.

Câline marqua quelques réticences à m'avouer la vérité. Elle me dit d'abord :

- Je ne sais pas si je dois révéler ce qui est un secret entre le magicien et moi.

A force de supplications, elle me raconta son aventure. A peine enfermée dans la boîte, elle avait été conduite dans une usine de mise en boîte de sardines. On l'avait placée près des arrivages de la marée et elle avait pu se nourrir tout son saoul. Une fusée était ensuite venue la chercher et l'avait transportée à nouveau à la maison à l'intérieur de la boîte en carton dès que j'eus prononcé les Abracadabras. Câline ajouta :

- Tu sais, il ne faut pas chercher à comprendre la magie. Elle nous dépasse. Les magiciens sont des sorciers civilisés. Ils sont en contact direct avec les génies. Et si tu savais, là où je suis allée, le propriétaire de l'usine de sardines c'était un génie.

Dans les semaines suivantes, j'essayai à plusieurs reprises de mettre Câline dans une boîte en carton et de la faire disparaître, rien n'y fit. Je n'avais vraiment plus de fluide magique. J'en ai cherché dans tous les magasins, je n'en ai pas trouvé.

10

LA FUITE D'IRIS

Je voudrais te parler aujourd'hui de ma labrador Iris. C'est une belle chienne affectueuse à t'en faire craquer. Quand elle te regarde avec ses yeux tendres, il est difficile de la gronder même si elle vient de faire une grosse bêtise et, des bêtises, elle n'arrête pas d'en faire. Elle adore ronger. J'ai beau lui acheter des os ou des jouets, elle préfère toujours s'attaquer à ce qui est interdit, les pieds d'une chaise, le mur fraîchement repeint de la cuisine, la niche de mon petit bichon Gedel ou encore le panier de ma persane Câline dite Mamaou. Quand je m'apprête à la réprimander avec des yeux qui se voudraient sévères, quand le ton de ma voix monte, elle rampe à mes pieds et se met sur le dos offrant son ventre rose aux caresses, je n'ose pas porter la main sur elle. Le résultat de ma faiblesse est que Iris obéit quand elle le veut c'est-à-dire quand ça ne la dérange pas trop !

Nous étions cet été au bord de la plage. Iris n'avait encore jamais vu la mer. Mais ses ancêtres lui ont transmis le goût de l'eau et elle s'y précipita sans attendre comme si elle avait toujours nagé. En quelques instants, elle devint l'attraction de la plage. Les enfants lui lançaient des bâtons le plus loin possible dans l'eau et elle partait à leur recherche, puis les ramenait. De temps en temps, elle marquait son désir de garder sa proie et creusait avec acharnement un trou dans le sable pour l'y enfouir. A un moment, papa se saisit d'un bout de bâton et le lança le plus loin possible qu'il put, Iris ne se fit pas prier et partit à sa quête mais, une fois arrivée à son but, trois jeunes qui se trouvaient au large dans une petite barque à moteur commencèrent à s'amuser avec elle. Iris devint sourde à nos appels et quand la barque se mit en mouvement Iris, au lieu de revenir vers nous, se porta à la suite de l'embarcation. Tous nos cris furent vains. Iris feignait de ne pas nous entendre et partait vers une destination inconnue. Nous étions tous affolés et impuissants. Quant aux enfants qui avaient détourné l'attention d'Iris, emportés dans leur navigation, ils ne se rendaient même pas compte de la présence de ma chienne. Je commençai à sangloter. Pour moi, ma chienne était perdue et bientôt noyée. Je revis en un instant dans ma tête tous les moments heureux que j'avais passés avec elle ; nos folles ballades en forêt, les heures passées à la sieste où, bravant toutes les interdictions, je la prenais sur mon lit. Papa tentait de me consoler mais je ne voulais rien entendre. Nous étions là, bien tristes et désemparés. Je vis papa courir vers un monsieur qui était non loin de nous et qui était arrivé sur la plage avec un bateau pneumatique. Deux minutes après nous étions sur l'embarcation courant à la recherche de ma chère Iris. Nous la trouvâmes au bout de cinq minutes, seule et désemparée. Elle avait abandonné sa poursuite et errait au large ne retrouvant plus sa route. Nous eûmes quelque peine à la hisser dans le bateau. Elle me regardait avec reconnaissance comme pour me dire : “Tu vois, je suis incorrigible, j’ai encore fait une grosse bêtise mais tu es ma maman et tu m’as sauvée”. Quand nous retrouvâmes la plage, Iris s’écroula comme frappée de paralysie, ses muscles bloqués elle ne pouvait plus avancer. Papa dut la prendre dans ses bras pour la transporter à la maison. A notre arrivée, je la séchai puis l’installai dans son grand panier dans la cuisine. Le lendemain matin, elle dormait encore profondément. Depuis, je n’emmène plus mon Iris nager qu’avec une longue laisse. Mais je crois que vraiment elle ne se laisserait plus mener en bateau !

11

MAMAOU A MARINELAND

Nous passions nos vacances dans le Midi, pas très loin d'Antibes et j'avais demandé à mes parents de me conduire à Marineland, ce grand zoo marin où il y a plein d'orques, de phoques, de lions des mers. Je ne me lasse pas d'observer ces animaux. Ils sont tellement grands et forts qu'ils devraient me faire peur. Et, pourtant, on aurait envie de les toucher.

Je suis impressionnée par ces dauphins qui dansent, attrapent des ballons, projettent en l'air leur entraîneur. Je ris bien fort quand les phoques se servent de leurs nageoires comme des mains pour saluer le public ou pour applaudir. Les orques m'effraient tout de même un peu, par exemple quand on les voit bondir à la hauteur d'un troisième étage pour se saisir d'un poisson dans la bouche de leur manager qui est tout en haut d'un plongeoir. Je suis là, bien sage, au premier rang des gradins. Dans mon panier, j'ai mis ma belle persane Mamaou qui me suit partout... comme un chien. Je l'ai juste entrouvert pour qu'elle puisse mieux respirer et elle sort, de temps à autre, sa belle tête à la crinière royale.

Devant nous, à quelques cinquante centimètres, l'animateur du spectacle vient de porter un seau rempli de beaux poissons, des harengs et des sardines qui sont la récompense de l'orque. Il demande :

- Alors les enfants, qui veut venir se faire embrasser par l'orque ?

Papa me dit :

- Vas-y, tu verras c'est passionnant. Comme ça je te photographierai.

Je baisse la tête timidement.

- Non, j'ai pas envie.

En fait, ce gros animal est sympathique mais il m'effraie aussi. Je pense à la baleine qui avait avalé Gepetto et Pinocchio. Je n'ai pas envie de me retrouver dans l'estomac d'un animal marin.

Pendant que je réfléchis une petite fille s'est présentée. Elle avance timidement encouragée par sa maman. Mais au même moment, patatras ! Mamaou attirée par l'odeur du poisson fait un bond. Elle sort du panier, court vers l'avant-scène.

Avant que nous ayons eu le temps de faire ouf, elle se saisit d'un poisson. Mais celui-ci est trop gros pour elle et sort de sa bouche.

Que se passe-t-il alors ? L'orque fait un bon et vient cueillir le poisson sur le museau de Câline. Je ne vous dis pas ce qui triomphait dans le public des applaudissements ou des rires. Pour la première et sans doute pour la dernière fois, un spectacle improvisé venait de mettre en scène un chat et un orque.

J'eus du mal à récupérer ma chère Câline. L'animateur avait mis à sa disposition quelques poissons et elle n'avait jamais autant été à la fête.

Je suis maintenant très fière d'avoir une vedette. Je rêve quelquefois que nous faisons ensemble des numéros dans un cirque. Mais je crois qu'il ne me sera jamais possible de rééditer l'exploit qui s'est déroulé de façon spontanée à Marineland.

La réalité dépasse souvent la fiction.

12

MAMAOU MAMAN

Depuis quelques temps ma belle persane Câline dite Mamaou me négligeait. Elle ne venait pas le matin dans mon lit et, la nuit, elle me réveillait souvent par des miaulements répétés et aigus. Je commençais à m'inquiéter. Je me demandais si Câline n'était pas malade et je lui parlais longuement.

- Alors Câline, tu as mal ? Pourtant, tu te portes comme un charme. Ton poil est luisant comme celui d'un éléphant qui vient de faire trempette. Si tu étais malade, tu ne mangerais pas, or tu réclames toujours plus de nourriture. Tu miaules pour te plaindre alors que je te laisse la fenêtre ouverte pour que tu puisses aller courir dans le jardin si tu le souhaites. Mais, dis-moi, quel est ton problème. Est-ce que mes deux chiens, Gedel le bichon ou Iris la beauceronne te font des misères ?

A ces mots les deux animaux étaient venus vers moi et me demandaient des câlins. Je les écartais en leur disant :

- Allez, laissez-moi, vous ne voyez pas que Câline souffre et qu'elle a mal.

Je crois voir dans le regard malin de Gedel comme une lueur d'ironie. Malgré toutes mes bonnes paroles, Câline, elle, ne répondait pas. Elle était tombée dans un profond sommeil qui me laissait penser qu'elle avait dû fort peu dormir la nuit. Je résolus, malgré tout, de demander à maman de conduire Câline chez le vétérinaire.

Pendant toute la journée à l'école j'étais distraite car je m'inquiétais pour ma chère Mamaou. J'étais tantôt pessimiste - et si ma chatte avait attrapé un mauvais virus - tantôt optimiste - et si tout cela n'était qu'une grande fatigue due à trop d'escapades nocturnes. J'attendais à quatre heures, avec une grande impatience, l'arrivée de ma chère maman qui était un peu en retard. Tu dois être comme moi. J'adore quand ma petite maman vient me chercher à l'école. Je fonds dès que je vois son sourire et qu'elle me prend dans ses bras. J'adore pouvoir lui annoncer une bonne nouvelle, un dix en calcul par exemple. Maman m'emmène alors à la librairie voisine et m'achète un livret de ces images autocollantes dont je raffole. Maman est rarement en retard. Ce jour-là, pourtant, elle tardait à venir. Je commençais à m'inquiéter quand je la vie apparaître avec le panier de Mamaou à la main. "Excuse-moi, me dit-elle, le vétérinaire m'a fait attendre".

- Alors, comment va-t-elle ? lui demandai-je aussitôt.

- Notre chatte, me répondit maman, est une grande coquine. En réalité elle est tombée amoureuse du gros chat tigré de nos voisins. Le vétérinaire m'a dit qu'elle est enceinte. Dans un mois vont arriver de petits chatons.

J'étais abasourdie, à la fois contente et inquiète. Me considérant comme la maman de Câline, je ne comprenais pas qu'elle ait fait ça sans m'en parler. Son silence de ces derniers jours s'expliquait. Maman n'osait pas m'annoncer la nouvelle de peur que je la gronde. Le soir, dès que tout le monde fut couché, je me rendis à la cuisine et m'expliquai avec ma chère Câline.

- Alors Câline, pourquoi ne m'as-tu rien dit à moi qui ne te cache rien, qui te fais partager toutes mes joies et toutes mes peines.

- Tus sais me dit-elle, tout s'est passé si vite. Voilà des semaines que ce beau chat tigré me faisait la cour et venait rôder autour de moi. Au début je l'ai regardé de haut. Une noble persane ne se lie pas avec un tigré sans pedigree. Mais il a été si convaincant, si tendre, que je n'ai pas résisté. Je suis tombée amoureuse de lui. Ensuite, je n'ai plus compris ce qui m'arrivait. Je m'imaginais que j'attendais des chatons. J'ai été aussi surprise que ta maman quand le vétérinaire a annoncé la nouvelle.

A partir de ce moment, je redoublais de prévenances pour ma chère chatte. Je lui donnais en cachette une double ration de nourriture. Au fur et à mesure que le temps passait, Mamaou quittait de moins en moins souvent son panier. Elle n'arrêtait pas de dormir et ne sortait du sommeil que pour manger.

Au matin, je m'éveillai plus tôt. Il y avait un grand remue-ménage dans la cuisine. Les chiens allaient et venaient et paraissaient inquiets. Je me levai et j'eus une immense surprise en m'approchant du panier. Quatre adorables petits chatons avaient comme par enchantement fait leur apparition. Le père et la mère paraissaient s'être répartis les rôles. Deux d'entre eux étaient tigrés comme leur père, les deux autres avaient le même pelage roux que Câline. Celle-ci paraissait ravie et n'arrêtait pas de lécher sa progéniture. Elle ne parlait pas mais son regard semblait me dire :

- Tu vois, finalement, c'est une bonne chose. Regarde comme ils sont doux, comme ils sauront te câliner !

Maman était arrivée. Elle était à la fois ravie et inquiète. Qu'allions-nous faire de tous ces nouveaux animaux. Les vacances s'annonçaient. Nous pourrions les garder pendant ces six semaines dans le jardin à la campagne, mais après...

J'avoue que je ne pensais guère à après. Pendant toutes ces journées, je fus ébahie des progrès que faisaient les petites bêtes. Au début, toujours réfugiées contre leur maman ou courant après elle, elles avaient vite cherché leur émancipation. Nous passions notre temps à tenter de les retrouver. Un chaton miaulait au faîte d'un arbre et n'arrivait plus à redescendre. Un autre s'était enfoncé dans un tuyau d'évacuation des eaux dont nous eûmes beaucoup de mal à l'extraire. Les deux autres s'échappaient et paraissaient être plus à l'aise chez le voisin que chez nous. Câline, au début inquiète, s'était habituée à ses escapades. Elle jugeait à présent que ses chatons pouvaient mener leur propre vie.

Les vacances s'achevaient. Les chatons, à mon grand regret, ne figurèrent pas dans nos bagages. Ils avaient conquis nos voisins et nous les leur avions bien volontiers offerts, nous promettant bien de les revoir lors des prochaines vacances. Il n'empêche, je donnai à partir de ce moment-là un autre surnom à ma chatte. Elle ne fut plus seulement Câline mais aussi Mamaou maman.

13

ADRET

Il est des moments où les animaux nous quittent pour monter au ciel. Ils nous regardent tristement ou nous appellent au secours. Puis, ils ferment leurs petits yeux nous laissant désemparés. J'ai décidé, ici, de ne pas te parler de ces sombres départs mais seulement des heureuses arrivées. Je n'oublierai pourtant aucun de ces petits êtres chers qui ont partagé mon enfance. Ils sont toujours là présents et chaque animal me rappelle une tranche d'âge.

Mon enfance a été bercée par la compagnie d'Adret le vigoureux bas rouge qui veillait sur moi comme une mère poule. Il tournait autour de la piscine et me surveillait. Il m'a pourtant fait peur le jour où, alors que je plongeais, il a pris peur et m'a rejoint d'un bond dans la piscine pour me porter secours. Il remuait si fort ses pattes que l'eau giclait de partout comme si un arrosoir géant m'aspergeait. Adret avait la rancune tenace et il n'a pas raté le fils de l'épicier. Cet enfant passait chaque jour à bicyclette devant notre maison et il lançait des cailloux sur notre brave chien. Un jour, celui-ci a attendu bien sagement l'agresseur et, lorsqu'il l'a vu arriver, il a sauté la clôture et lui a infligé une sacrée correction. A partir de ce jour, l'enfant imprudent a fait un grand détour pour ne pas passer devant notre maison. Et, comme même les chiens ne doivent pas se faire justice à eux-mêmes, nous avons fait surélever notre clôture pour priver Adret de la possibilité de satisfaire ses tentations de vengeance. Peine perdue ! Adret est un grand fugueur et aucun grillage ne l'arrête. Quand il ne peut passer par-dessus il creuse par-dessous. Si ces deux voies sont interdites, il ouvre une brèche avec ses crocs acérés.

Adret ne m'a jamais mordue, ni griffée. Il a pourtant fait un jour un gros dégât dont papa a été la victime.

Mon père était debout sur la terrasse, Adret est arrivé par derrière et a tiré le bras de papa si fort pour lui témoigner son affection qu'il lui a déchiré un muscle. Papa en a été quitte pour porter un beau plâtre et un bras en bandoulière pendant un mois.

Adret était tout juste penaud. Papa, lui, était furieux. Mais, enfin, on m'a enseigné que seules les intentions comptent et Adret avait voulu manifester son affection et non blesser !

14

LE MONSTRE DE RICHMOND

J'ai quitté la Corse avec regret. L'odeur du maquis va me manquer. Et mes animaux ne vont pas pouvoir me suivre. C'est ainsi : les Anglais ont peur que nos amis leur portent la rage dont leur pays est protégé.

Je comprends un peu leur prudence. J'ai appris que les îles doivent toujours se méfier des continents. Si l'on veut garder sa spécificité, il faut accepter de se mélanger sans se fondre.

J'ai échangé des bisous encore plus doux avec chacun de nos petits monstres Je leur ai confié au creux de l'oreille des secrets et je leur ai fait des promesses de cadeaux. Mamaou avait mis ses pattes autour de mon cou et me léchait les cheveux avec tant de fougue que j'ai eu du mal à m'en séparer.

Une année nouvelle commence et me voilà étudiante en Angleterre au Royal Ballet. J'ai quitté sans regret l'Ecole de Danse de l'Opéra de Paris et son horrible bâtiment perdu à Nanterre dans un océan de H.L.M. où nous étions enfermées comme dans une prison. Je suis fière de mon nouvel uniforme et de son écusson si noble.

Ma nouvelle école est située dans un magnifique parc à Richmond dans les environs de Londres sur les bords de la Tamise. Je quitte une ville sans âme pour un parc de mille hectares.

C'est l'automne et les arbres ont des feuilles multicolores comme s'ils s'étaient déguisés pour m'accueillir.

Nous sommes un peu perdus dans ce bois. Nous avons l'impression que l'école se cache à nous. Et puis, au détour d'un chemin, l'émotion nous saisit : un troupeau de cerfs rouges est là tout proche. Nous retenons notre souffle pour ne pas inquiéter les majestueuses créatures. Le plus vieux des cerfs toise les autres du haut de ses bois qui lui dessinent comme des tresses. Les petits faons broutent en paix ou se serrent contre les mamans biches. C'est un instant magique. Je ferais déjà volontiers l'école buissonnière pour passer la nuit en si bonne compagnie. Mais, juste au détour du chemin, se trouve l'école, un petit manoir anglais aussi désuet que mon école de Nanterre était futuriste.

Je découvre mes compagnes de chambre et serre bien fort papa et maman. C'est l'instant magique où je découvre un univers si différent de celui que j'ai quitté et en plus dans une musique de langue dont j'ignore encore toutes les subtilités.

Le soir, fatiguée par tant d'émotions, je m'écroule dans mon lit. On n'entend plus voler une mouche. La nuit est noire et profonde comme les couvertures dans lesquelles je me blottis et je m'endors bercée par mes rêves d'une année pleine de découvertes et d'émotions.

Et puis, brusquement, je ne sais si je dors encore ou si je suis éveillée, je perçois un bruit bizarre. Comme une plainte d'un enfant. Je me réveille tout à fait mais mes camarades dorment profondément. Le bruit s'amplifie. Je pense qu'un fantôme est en train d'approcher.

Ouh oâh, oh oh crie le monstre et il poursuit ho ho ho oâh. Le cri s'arrête et reprend de plus belle comme si toute la forêt se mettait à s'animer.

Je m'attends à voir le monstre entrer dans la chambre et je suis en sueur. Heureusement, la fatigue me saisit et je me rendors.

Au réveil, j'interroge immédiatement mes copines et elles éclatent de rire. Ce n'était pas le cri d'un monstre mais le brame des cerfs amoureux.

L'automne est la saison du rut où les cerfs se reproduisent et nous préparent de mignons petits faons pour le printemps.

Je vais dorénavant apprendre à apprécier ces chants nocturnes qui résonnent dans la forêt.

Hier, ils m'avaient effrayée. Aujourd'hui, ils me bercent.

15

COCO

Je sais c'est commun. Notre perroquet s'appelle Coco : c'est un gris du Gabon.

Il est arrivé dans notre maison en Afrique par une journée pluvieuse. Il était tout ébouriffé comme si on lui avait infligé une permanente.

Il poussait des cris d'effroi dés qu'on l'approchait et deux plumes de sa queue rouge pendaient lamentablement.

Nous ne savions trop qu'en faire. Ses maîtres l'avaient abandonné et il ressemblait à un enfant perdu dans la rue. Nous sommes allés chez un ferronnier et nous lui avons fait réaliser une grande cage haut perchée. Une volière pour lui tout seul.

Nous lui avons préparé un festin de cacahuètes, de papayes et de bananes. Mais il était trop triste. Il n'avait pas le cœur à manger.

Je me suis approchée de sa cage. Il a commencé à hurler se débattant à chacun de mes mouvements. Je suis restée immobile. Il m'observait en clignant des yeux. J'ai commencé à lui parler doucement, tendrement. Il m'écoutait en se disant peut être que cette voix humaine ressemblait à celle de ses anciens maîtres. Mais la peur le reprenait et il tremblait de toutes ses plumes. Il a fallu plusieurs jours pour qu'il s'habitue à notre présence. Un signe nous le montrait. Il ne criait plus en nous voyant, mais il trépignait toujours lorsqu'un étranger arrivait à la maison.

Une semaine après, notre cher oiseau avait retrouvé la joie. Il nous réveillait dés la levée du jour avec ses sifflements stridents. Il nous saluait en hochant la tête. Et puis, un jour, nous avons eu une grande surprise. Nous prenions en famille le petit déjeuner dans le jardin quand nous avons entendu la sonnerie si spécifique du téléphone. Mais aucune voix n'était au bout du petit mobile. Quelques minutes après, même scénario. Nous avons alors découvert que c'était notre Coco qui imitait avec une précision étonnante la sonnerie du téléphone. Dés ce jour, j'ai commencé à lui apprendre plusieurs chansons. Il m'écoute avec attention et s'amuse à m'imiter guettant mon approbation et mes encouragements. Papa, toujours mêlé aux affaires de l'Etat, lui a appris progressivement l'hymne national et les ministres sont étonnés d'être accueillis dans notre villa par cette fanfare si particulière.

Coco nous est devenu si attaché que nous avons tenté, un matin, une expérience car c'est une désolation de voir un si bel oiseau en cage. Nous avons décidé d'ouvrir les portes de la prison espérant que Coco ne nous abandonnerait pas.

Le perroquet est sorti prudemment et a volé vers l'avocatier tout proche. Il passe maintenant ses journées dans les arbres. A l'ombre du manguier lorsque le soleil est trop fort. Sous les feuilles du bananier quand il pleut. Perché sur le papayer guettant le mûrissement des fruits qu'il adore.

Il nous gratifie de deux concerts, l'un au lever du jour et l'autre quand le soleil menace de disparaître.

Dès que le ciel s'obscurcit, Coco regagne sa cage pour la nuit et nous l'enfermons pour ne pas qu'il soit la victime des chats errants. Le matin, il nous appelle pour que nous lui ouvrions les portes du paradis du jardin. Et il repart dans ses équipées. Les autres oiseaux en profitent pour rentrer dans sa cage et lui dérober quelques arachides.

Mais notre plus grande joie c'est de l'entendre lorsqu'il retrouve papa à ses retours de voyage. Là, notre cher Coco, habituellement si avare de paroles, lui lance des “Bonjour papa” tellement vigoureux, forts, que tout le quartier sait que le maître de maison est arrivé.

Cher Coco, je dépose une petite bise sur ton front.

Tu es, aujourd'hui, au plus haut dans le ciel et papa essuie une larme lorsque nous lui rappelons les heures heureuses passées en ta compagnie. Je crois encore entendre tes cris stridents, tes sifflements si délicatement modulés.

Tu nous disais bonjour. A mon tour de te dire au revoir.

16

DIDDL

Après la mort brutale de Love qui avait laissé papa inconsolable[1], celui-ci avait décidé de ne plus avoir de chien à lui.

Il passait son temps à évoquer les moments heureux vécus avec son petit york et il écartait l'idée d'en avoir un autre. Je l'approuvais.

Un chien ne se remplace pas comme un jouet. Chaque animal est unique et je ne comprends pas celles et ceux qui arrivent, du jour au lendemain, à reporter leur potentiel d'affection sur un nouvel être. Mais, petit à petit, une idée s'imposait à

---

[1] Debbasch Charles, *Un amour de Love*, La Marge, 2001.

maman et à moi : nous n'allions pas laisser papa qui voyage souvent tout seul à sa solitude et à ses regrets. Nous avons alors commencé notre recherche. Il fallait trouver un yorkshire mais pas n'importe quelle sorte de york. Love c'était un « toy », un tout petit être d'à peine un kilo et il était difficile de jauger chez un bébé chien son aptitude à grandir.

Après de nombreuses recherches nous en avons trouvé un. Si vous saviez comme il était mignon dans sa petite cage. Des petits yeux rieurs, des poils sombres et dorés, une petite queue vive et joyeuse.

J'ai immédiatement été séduite, c'était bien lui qu'il nous fallait. Maman le trouvait aussi joli mais il était décidément trop cher pour nous. Maman a choisi la voie de la sagesse et nous sommes parties en traînant les pieds. Je me taisais mais les larmes montaient en moi et au bout d'un moment je n'ai plus résisté et j'ai explosé en sanglots. Maman m'a observée en me réprimandant légèrement et nous avons continué notre route. Je marchais à reculons. Je pensais que ce chien était irremplaçable et que nous n'en trouverions jamais un autre aussi tendre et aussi beau. Maman n'en montrait rien mais elle était aussi triste que moi. Son pas devenait de plus en plus lourd jusqu'au moment où elle s'est arrêtée et m'a dit :

-Tu as raison, il faut faire un sacrifice et accepter d'acheter ce chien.

Quand nous sommes retournées à la maison avec cette petite boule aux yeux vifs, j'étais transportée de bonheur. J'imaginais surtout la réaction de papa. Je pensais qu'il ne voudrait pas montrer sa joie mais qu'il adopterait bien vite son nouveau compagnon que je baptisais Diddl.

Tout s'est passé comme je l'avais prévu. Papa a fait mine de nous réprimander mais il a aujourd'hui un nouveau compagnon qui le suit partout.

Diddl, il est vrai, n'a pas pris la place de Love et les larmes de papa affleurent toujours lorsqu'on lui parle de son premier fils chien. Mais, si Love était l'enfant préféré, Diddl est le fils chéri. Et, il l'a bien compris. Il commande, il ordonne et il a trouvé un serviteur docile. Comment, en effet, résister à son intelligence vive, imaginative et si subtile.

Diddl est aujourd'hui un membre de la famille à part entière. Une famille bien nombreuse. Un cercle de famille toujours prêt à se développer.

Table des matières

Impression JOUVE - 11 Bd de Sébastopol, 75027 PARIS
N° 344755G - Dépôt légal : Mars 2004